Eveline Schwarz

DaF leicht

A1

Grammatik-Clips

Clips – Kopiervorlagen – Unterrichtsideen

Ernst Klett Sprachen
Stuttgart

1. Auflage 1 5 4 3 2 | 2019 18 17 16 15

Internetadresse: www.klett-sprachen.de

Grammatik-Clips:
Konzept, Storyboard: Eveline Schwarz, Renate Weber
Beratung: Dietmar Rösler
Produktion: media & more, Reutlingen
Programmierung: Feedbackmedia, Stuttgart

Übungen und Kopiervorlagen: Eveline Schwarz

Redaktion: Renate Weber
Redaktionelle Mitarbeit: Julika Fiebig
Layoutkonzeption: Claudia Stumpfe
Satz: Regina Krawatzki, Stuttgart
Umschlaggestaltung: Anna Wanner
Umschlagfoto: Andreas Kunz
Reproduktionen: Meyle + Müller, Medien-Management, Pforzheim
Druck und Bindung: LCL Dystrybucja Sp. z o.o. • Printed in Poland

ISBN: 978-3-12-676265-6

9 783126 762656

Inhaltsverzeichnis:

Die Grammatik-Clips zeigen Form und Funktion grammatischer Strukturen, ohne sie metasprachlich zu erläutern.

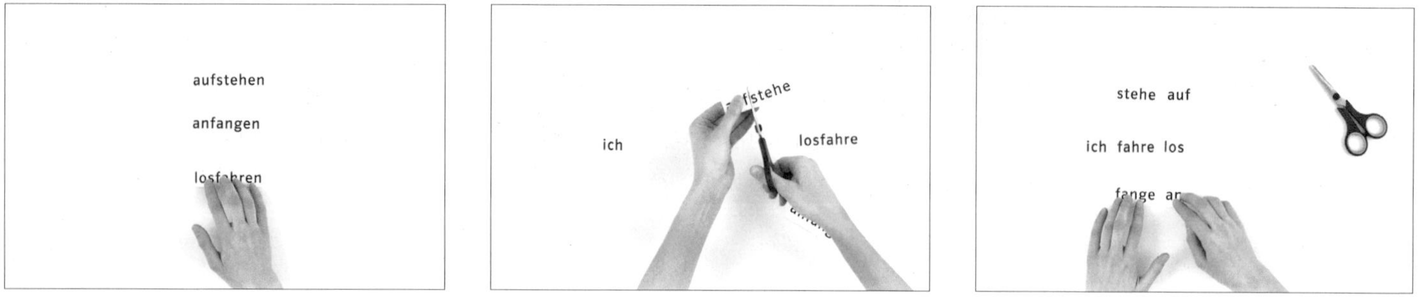

Wort- und Satzkarten werden – eingebettet in eine Geschichte – so hin- und hergeschoben, dass die **Struktur sichtbar und deutlich** wird.

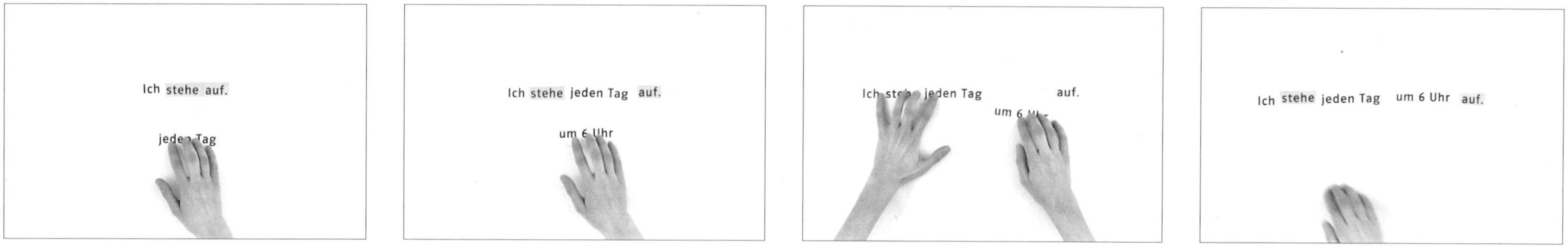

Besonderheiten werden durch Markierungen **bewusst** gemacht.

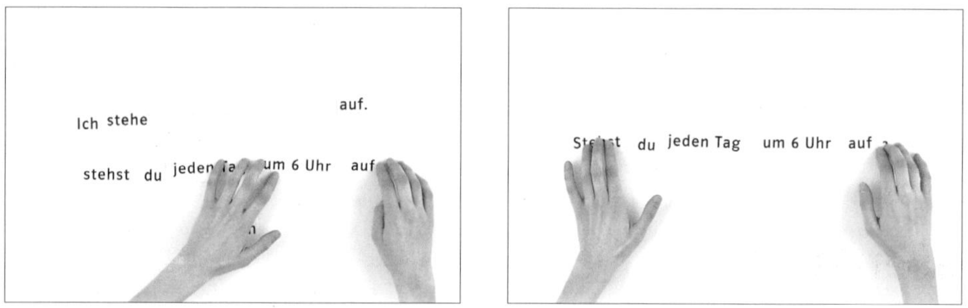

Intuitiv, ohne komplizierte grammatische Erklärungen, wird die **Regel begreifbar**.

Klett

Deutsch als Fremdsprache

DaF leicht
Grammatikclips
ISBN: 978-3-12-676265-6

Die Grammatik-Clips
- sind einsetzbar, wenn die jeweilige Struktur eingeführt, wiederholt oder geübt wird
- können als Screenshot Tafelbilder ersetzen
- sind unter www.klett-sprachen.de/dafleicht-grammatikclips jederzeit verfügbar

Weiterführende Übungen bieten Anregungen zum Nachspielen, Variieren und Strukturieren der Clips. Sie unterstützen das Verstehen der jeweiligen sprachlichen Struktur.

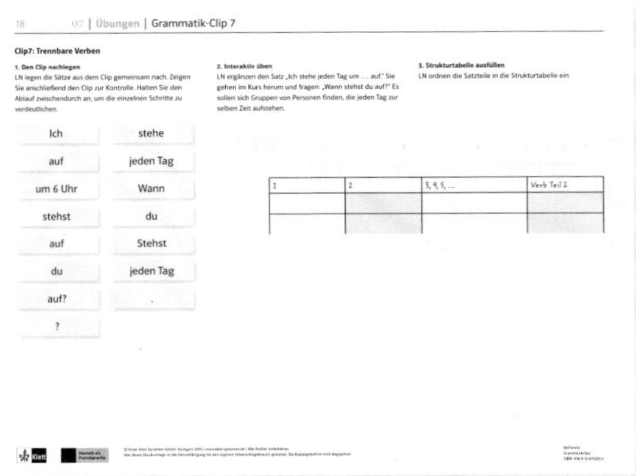

18 07 | Übungen | Grammatik-Clip 7

Clip7: Trennbare Verben

1. Den Clip nachlegen
LN legen die Sätze aus dem Clip gemeinsam nach. Zeigen Sie anschließend den Clip zur Kontrolle. Halten Sie den Ablauf zwischendurch an, um die einzelnen Schritte zu verdeutlichen.

2. Interaktiv üben
LN ergänzen den Satz „Ich stehe jeden Tag um … auf." Sie gehen im Kurs herum und fragen: „Wann stehst du auf?" Es sollen sich Gruppen von Personen finden, die jeden Tag zur selben Zeit aufstehen.

3. Strukturtabelle ausfüllen
LN ordnen die Satzteile in die Strukturtabelle ein.

Ich	stehe
auf	jeden Tag
um 6 Uhr	Wann
stehst	du
auf	Stehst
du	jeden Tag
auf?	.
?	

1	2	3, 4, 5, …	Verb Teil 2

Zu jedem Grammatik-Clip gibt es drei Übungsvorschläge, die je nach Lernergruppe ausgewählt und im Unterricht bearbeitet werden können:
1. den Clip nachlegen, 2. interaktiv üben, 3. Strukturtabelle ausfüllen.

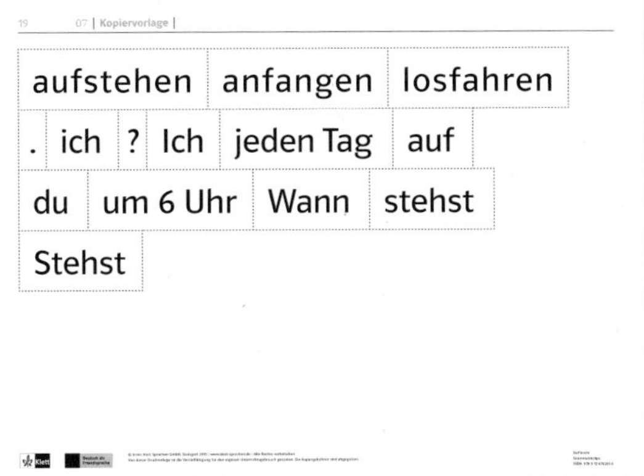

19 07 | Kopiervorlage |

aufstehen	anfangen	losfahren		
.	ich	?	Ich	jeden Tag	auf
du	um 6 Uhr	Wann	stehst	
Stehst				

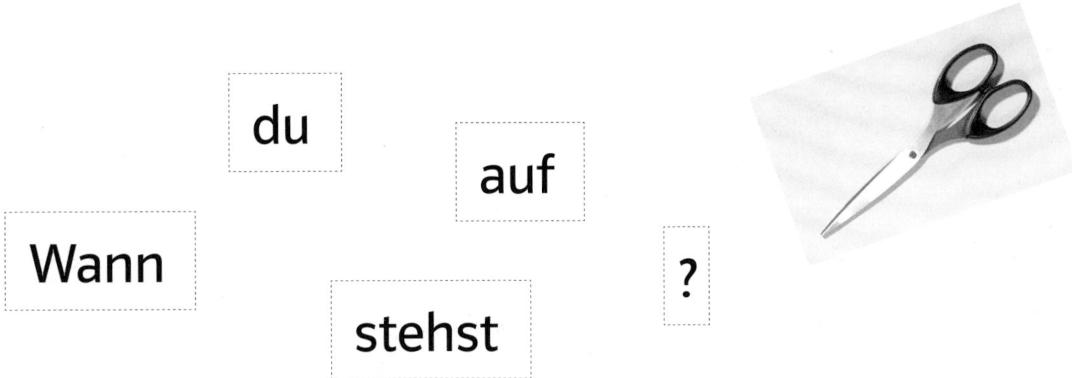

Kopiervorlagen bieten das dafür notwendige Wort- und Satzmaterial zum Ausschneiden.

Deutsch als Fremdsprache

DaF leicht
Grammatikclips
ISBN: 978-3-12-676265-6

Clip 1: Aussagesatz

1. Den Clip nachlegen

LN legen die Sätze Schritt für Schritt nach. Dabei wird nicht mit Satz-, sondern mit Wortkarten gearbeitet, um zu verdeutlichen, dass *Peter* und *er* austauschbar sind und dass das Subjekt weggelassen werden kann, wenn es in beiden Sätzen identisch ist. Zeigen Sie danach den Clip zur Kontrolle. Halten Sie den Ablauf zwischendurch an, um die einzelnen Schritte zu verdeutlichen.

Wer	ist	
das	Das	
ist	Peter	
Peter	kommt	
aus	Hamburg	
mag	Kaffee	
Er	und	
er	?	.

2. Interaktiv üben

LN arbeiten in Gruppen zu dritt und formulieren mit Hilfe der Wortkarten Sätze. Jede Wortkarte ist dreimal vorhanden. Die Karten liegen mit der Schrift nach unten auf dem Tisch. LN nehmen der Reihe nach eine Karte und formulieren einen Satz.

1. Schritt: LN wiederholen die Sätze aus dem Clip. („Das ist Peter. …")

2. Schritt: LN bilden Sätze zu den Gruppenmitgliedern (z. B. „Das ist Fiona. Fiona kommt aus Dublin. Fiona mag Tee.").

ist	kommt
mag	

3. Strukturtabelle ausfüllen

LN schreiben die Verben in die zweite Spalte der Strukturtabelle und versuchen dann mit dem restlichen Kartenmaterial möglichst viele Sätze zu bauen.

1	2	3

DaF leicht
Grammatikclips
ISBN: 978-3-12-676265-6

Wer	Das	das	ist	ist	Peter	?	.

Peter	kommt	mag	aus Hamburg

Kaffee	Er	und	er	.	ist	kommt

mag	ist	kommt	mag	ist	kommt

mag	Peter	.

DaFleicht
Grammatikclips
ISBN: 978-3-12-676265-6

Clip 2: Definitartikel

1. Den Clip nachlegen

LN ordnen die Wortkarten wie im Clip nach dem Artikel. Zeigen Sie den Clip anschließend zur Kontrolle. Halten Sie den Ablauf zwischendurch an, um die einzelnen Schritte zu verdeutlichen.

Stift	Buch
Handy	Schlüssel
Schokolade	Flasche
Portmonee	Brille
Lippenstift	Foto
Zigarette	Zeitung
Taschentuch	Stifte
Fotos	Flaschen
der	das
die	

2. Interaktiv üben

Bereiten Sie Kärtchen mit den Nomen aus dem Clip vor und beschriften Sie die Rückseite mit dem Artikel. LN arbeiten zu zweit oder in Gruppen: LN nehmen ein Kärtchen und sagen den Artikel (Kontrolle auf Rückseite). Bei korrektem Artikel darf LN die Karte behalten. Sieger ist, wer die meisten Karten hat. Statt den Artikel zu nennen, kann auch gestampft, gepfiffen oder geklatscht werden.
Erweiterung: LN ergänzen weitere Wörter aus der Lektion auf leeren Kärtchen.

3. Strukturtabelle ausfüllen

LN schreiben die Nomen (und die eigenen Ergänzungen) in die jeweils passende Spalte der Strukturtabelle und ergänzen den Plural.

der	das	die	die (Pl.)

DaF leicht
Grammatikclips
ISBN: 978-3-12-676265-6

Stift	Buch	Handy	Taschentuch	Schokolade		
Flasche	Portmonee	Brille	Lippenstift	Foto		
Zigarette	Zeitung	Schlüssel	der	das	die	
Stifte	Fotos	Flaschen	die	die	die	....

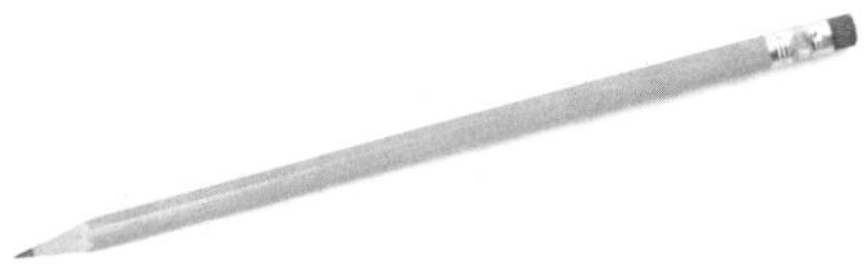

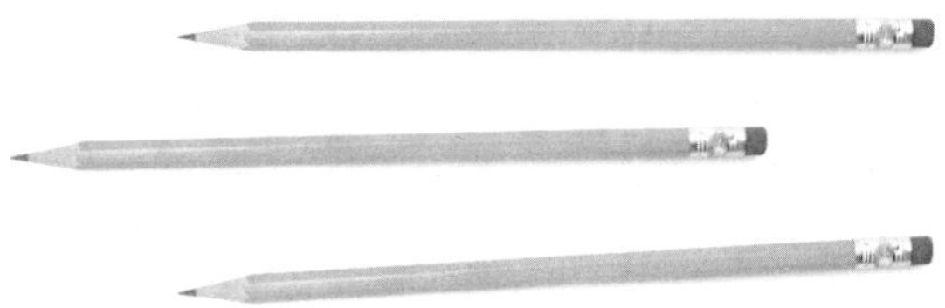

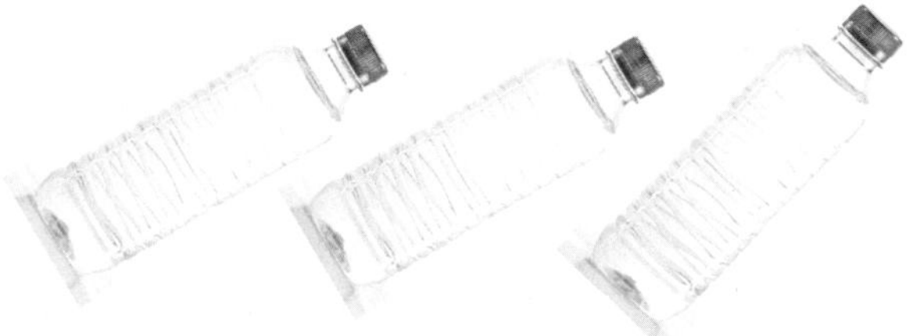

Bildquellen: **1**, **2** Shutterstock (Julia Ivantsova), New York; **3**, **4** Fotolia.com (forkART), New York; **5**, **6** Fotolia.com (Robert Kneschke), New York

DaFleicht
Grammatikclips
ISBN: 978-3-12-676265-6

Clip 3: Ja / Nein- und W-Fragen

1. Den Clip nachlegen
LN legen mit den Satzkarten den Clip nach. Zeigen Sie anschließend den Clip zur Kontrolle. Halten Sie den Ablauf zwischendurch an, um die einzelnen Schritte zu verdeutlichen.

Ah, du machst Sport.

Machst du gern Sport?

Was machen Sie?

Ah, Sie fotografieren.

Fotografieren Sie gern?

Heißt du Peter?

Wie heißt du?

Wohnst du in Berlin?

Wo wohnst du?

Kommst du aus Deutschland?

Woher kommst du?

2. Interaktiv üben
Alle LN erhalten eine Fragekarte und überlegen zunächst eine Antwort für die eigene Person. Danach gehen LN durch den Kursraum und stellen ihre Frage. Wer hat dieselbe Antwort?

Machst du gern Sport?

Wie heißt du?

Wo wohnst du?

Woher kommst du?

Wohnst du in Berlin?

Fotografieren Sie gern?

3. Strukturtabelle ausfüllen
LN schreiben je drei Beispielfragen in die Strukturtabelle. LN sollen sich die unterschiedliche Verbposition erarbeiten.

W-Frage

1	2	

Ja/Nein-Fragen

1	2	

DaF leicht
Grammatikclips
ISBN: 978-3-12-676265-6

Ah, du machst Sport?	Machst du gern Sport?
Was machen Sie?	Ah, Sie fotografieren.
Fotografieren Sie gern?	Heißt du Peter?
Wie heißt du?	Wohnst du in Berlin?
Wo wohnst du?	Woher kommst du?
Kommst du aus Deutschland?	

DaFleicht
Grammatikclips
ISBN: 978-3-12-676265-6

Clip 4: Indefinit- und Negativartikel

1. Den Clip nachlegen

LN legen die Sätze gemeinsam nach. Zeigen Sie anschließend den Clip zur Kontrolle. Halten Sie den Ablauf zwischendurch an, um die einzelnen Schritte zu verdeutlichen.

ein Hut | kein Hut

Der Hut ist komisch.

ein Haus | kein Haus

Das Haus ist komisch.

eine Bürste | keine Bürste

Die Bürste ist komisch.

Berge | keine Berge

2. Interaktiv üben

LN arbeiten zu zweit und spielen den Dialog mit den Bildkarten aus dem Clip (oder ähnlichen Fotos) nach. Allerdings soll im Clip Geschriebenes gesprochen, Gesprochenes als Kärtchen gelegt werden. In einem nächsten Schritt wird der Dialog nur mit den Bildkarten ohne Wortkarten gespielt.

Was ist das? | Nein.

Doch! | Schokolade.

Keine Berge.

3. Strukturtabelle ausfüllen

LN schreiben Nomen und Artikel in die entsprechende Spalte der Strukturtabelle. Anschließend können noch weitere Nomen ergänzt werden.

	Das ist ...		
	der	das	die
Definitartikel			
Indefinitartikel			
Negativartikel			

	Das sind ...		
Definitartikel			
Indefinitartikel			
Negativartikel			

DaF leicht
Grammatikclips
ISBN: 978-3-12-676265-6

ein | ein | eine | kein | kein | keine | Hut | Bürste

keine | Das Haus ist komisch. | Hut | Berge | Berge

Die Bürste ist komisch. | Haus | Der Hut ist komisch.

Bürste | .... | Haus | . | Was ist das? | Nein.

Doch! | Schokolade | keine Berge

Klett | Deutsch als Fremdsprache

Bildquellen: **1** picture alliance / ASSOCIATED PRESS, Frankfurt / Main; **2** Shutterstock (Marafona), New York; **3** laif (Zimmermann), Köln; **4** Stephan Klonk, Berlin

DaF leicht
Grammatikclips
ISBN: 978-3-12-676265-6

Clip 5: Komposita

1. Den Clip nachlegen

LN ordnen den Nomen die passenden Artikel zu. Dann legen sie die Komposita aus dem Clip gemeinsam nach. Zeigen Sie anschließend den Clip zur Kontrolle.

Butter	Brot
Korb	Käse
Zeit	der
das	die

…

2. Interaktiv üben

LN arbeiten zu dritt oder zu viert. Sie schreiben Nomen aus dem Lernwortschatz auf leere Karten. Dann legen LN in 5 Minuten so viele Komposita wie möglich und notieren sie inklusive Artikel (z. B. *die Butterbrezel, der Schinkentoast, der Milchkaffee*). Die Gruppe mit den meisten Komposita gewinnt. In einem zweiten Durchgang sollen „verrückte" Wörter gefunden werden (z. B. *die Eipause, die Salatbutter*).

3. Strukturtabelle ausfüllen

LN schreiben die Wörter aus Übung 2 in die richtige Position der Strukturtabelle. Sie schreiben das Kompositum in die 4. Spalte und markieren Artikel und Grundwort.

der	das	die	Kompositum
	Brot	Butter	das Butterbrot

DaF leicht
Grammatikclips
ISBN: 978-3-12-676265-6

der	der	das	das	die	die	Brot	Brot

Butter	Korb	Käse	Käse	Zeit	Brot

Butter	Brot	k	z	b	b	k	....

....	....	....	....
....	....	....	....
....	....	....	

....	....	....	....	....

DaF leicht
Grammatikclips
ISBN: 978-3-12-676265-6

Clip 6: Akkusativ

1. Den Clip nachlegen

LN ordnen zunächst die Artikel den Wortkarten zu. Zeigen Sie zur Kontrolle den Clip und stoppen Sie ihn an der entsprechenden Stelle. LN erhalten nun die Karten mit den Verben und *den / einen* und legen die Sätze aus dem Clip. Zeigen Sie dann den restlichen Clip zur Kontrolle.

Pommes frites	Pizza
Kuchen	Käse
Torte	Eis
Hähnchen	Hamburger
Tee	

der / ein	das / ein
die / eine	die / -
den / einen	den

2. Interaktiv üben

LN arbeiten zu zweit oder in Gruppen. Die Karten liegen sortiert nach Satzanfängen und Nomen in zwei Stapeln. Ein LN zieht je eine Karte und bildet aus den beiden Karten einen Akkusativsatz. Ist die Antwort richtig, behält LN die Karte. Ansonsten wird die Karte wieder in den Stapel gemischt. Wer die meisten Karten hat, gewinnt.

Ich mag

Ich esse

Ich nehme

Ich bestelle

Ich bezahle

3. Strukturtabelle ausfüllen

LN ziehen ein Nomenkärtchen und schreiben es in die richtige Spalte in der Strukturtabelle. Danach bilden LN Sätze im Akkusativ und ergänzen mit je einem Beispiel pro Genus im Singular und einem Beispiel für den Plural die Satzanfänge in der Strukturtabelle.

	Singular			Plural
	der	das	die	
Nominativ				
Akkusativ Ich mag ... Ich esse				

DaF leicht
Grammatikclips
ISBN: 978-3-12-676265-6

der / ein	das / ein	die / eine	Eis		
die / –	Pommes frites	Hähnchen			
Kuchen	Käse	Pizza	Torte	.	.	.
Ich esse	den / einen	Ich nehme	.		
Ich bestelle	Ich bezahle	Ich mag			
Tee	Hamburger	den	den	den	den

DaF leicht
Grammatikclips
ISBN: 978-3-12-676265-6

Clip 7: Trennbare Verben

1. Den Clip nachlegen
LN legen die Sätze aus dem Clip gemeinsam nach. Zeigen Sie anschließend den Clip zur Kontrolle. Halten Sie den Ablauf zwischendurch an, um die einzelnen Schritte zu verdeutlichen.

2. Interaktiv üben
LN ergänzen den Satz „Ich stehe jeden Tag um … auf." Sie gehen im Kurs herum und fragen: „Wann stehst du auf?" Es sollen sich Gruppen von Personen finden, die jeden Tag zur selben Zeit aufstehen.

3. Strukturtabelle ausfüllen
LN ordnen die Satzteile in die Strukturtabelle ein.

Ich	stehe
auf	jeden Tag
um 6 Uhr	Wann
stehst	du
auf	Stehst
du	jeden Tag
auf?	.
?	

1	2	3, 4, 5, …	Verb Teil 2

Deutsch als Fremdsprache

DaFleicht
Grammatikclips
ISBN: 978-3-12-676265-6

aufstehen	anfangen	losfahren

.	ich	?	Ich	jeden Tag	auf

du	um 6 Uhr	Wann	stehst

Stehst

DaF leicht
Grammatikclips
ISBN: 978-3-12-676265-6

Clip 8: Das Modalverb *wollen*

1. Den Clip nachlegen

LN legen den Clip in zwei Etappen nach.
Zuerst ordnen sie Personalpronomen und Verb zu. Zeigen Sie den ersten Teil des Clips danach zur Kontrolle.

ich	du
er / sie	wir
ihr	sie
will	willst
will	wollen
wollt	wollen

Dann legen LN die Sätze nach. Zeigen Sie den zweiten Teil des Clips zur Kontrolle.

Willst	ins Kino	gehen
spazieren	schwimmen	?
Was willst du denn machen?		
Ich	schlafen	am Sonntag
lange	.	

2. Interaktiv üben

LN schreiben auf eine leere Karte eine Tätigkeit, die sie gern machen. Die Karten werden neu verteilt. Danach fragen und antworten LN der Reihe nach: „Was willst du machen?" „Ich will ins Kino gehen. Und was willst du machen?" usw.

3. Strukturtabelle ausfüllen

LN schreiben die Sätze mit den Modalverben in die Strukturtabelle.

1	2	3, 4, 5, …	Verb Teil 2

DaF leicht
Grammatikclips
ISBN: 978-3-12-676265-6

du	er/sie	ich	Ich	ihr	sie	wir
?	will	willst	Willst	wollen	wollt	
.	gehen	schlafen	ins Kino	lange		
spazieren	schwimmen	am Sonntag				
Was willst du denn machen?						
....	....					

DaF leicht
Grammatikclips
ISBN: 978-3-12-676265-6

Clip 9: Possessivartikel

1. Den Clip nachlegen

LN legen den ersten Teil des Clips nach. Zeigen Sie im Anschluss den ersten Teil des Clips zur Kontrolle.

Bruder	Vater
Freundin	Mutter
Freunde	sein
sein	seine
seine	seine

LN legen den zweiten Teil des Clips nach. Sie ergänzen dabei die Possessivartikel. Zeigen Sie dann den zweiten Teil des Clips zur Kontrolle.

der Mann	und	Frau
Tochter	und	Bruder
Eltern	Freunde	Familie
ihre	ihr	ihre
unsere		

2. Interaktiv üben

LN arbeiten in Gruppen. Verteilen Sie die Bildkarten aus dem Clip (oder ähnliche Fotos). LN übernehmen die Rolle der Person auf dem Bild, sie dürfen ihre Karte aber nicht den anderen zeigen. Sie fragen einander: „Bist du mein Sohn / meine Tochter / mein Mann …?"
Im Anschluss stellt sich die Familie vor: „Das sind unsere Kinder, meine Eltern, … Das ist unsere Tochter, meine Mutter …"

3. Strukturtabelle ausfüllen

LN schreiben die Possessivartikel und Nomen in die Strukturtabelle.

	der/das	die	Plural
ich			
du			
er/es			
sie			
wir			
ihr			
sie			

Deutsch als Fremdsprache
DaFleicht
Grammatikclips
ISBN: 978-3-12-676265-6

sein	sein	seine	seine	seine	ihr	ihre	ihre
unsere	und	und	der	Bruder	Vater	Mutter	Mann
Frau	Freunde	Freundin	Tochter	Eltern	Familie		

Deutsch als Fremdsprache

Bildquellen: 1 Shutterstock (Jorg Hackemann), New York; **2** Dreamstime.com (Vanessa Van Rensburg), Brentwood; **3** Fotolia.com (Eugenio Marongiu), New York; **4** Dreamstime.com (Phase4photography), Brentwood; **5** Shutterstock (auremar), New York; **6** Fotolia.com (goodluz), New York; **7** Fotolia.com (Eléonore H), New York; **8** Shutterstock (Paul Matthew Photography), New York

DaF leicht
Grammatikclips
ISBN: 978-3-12-676265-6

Clip 10: Präteritum *war* und *hatte*

1. Den Clip nachlegen

LN legen den ersten Teil des Clips nach. Zeigen Sie den ersten Teil des Clips zur Kontrolle. Dann ordnen LN den Bildern die Sätze zu. Zeigen Sie den zweiten Teil des Clips zur Kontrolle.

ich	er / sie
bin	ist
war	habe
hat	hatte

...

Gestern hatte ich viel Spaß.

Heute habe ich Stress.

Gestern war ich gut drauf.

Heute bin ich müde.

2. Interaktiv üben

LN arbeiten zu zweit. Verteilen Sie die Sätze mehrfach im Raum. LN1 sucht den ersten Satz, lernt ihn auswendig und diktiert ihn LN2. LN2 sucht den nächsten Satz und diktiert ihn LN1. LN1 sucht den dritten Satz und diktiert ihn LN2. LN2 sucht den vierten Satz und diktiert ihn LN1. Die LN gehen dann zu den vier Sätzen und kontrollieren, ob sie alles richtig geschrieben haben.

3. Strukturtabelle ausfüllen

LN schreiben die Präsens- und Präteritumformen in die Strukturtabelle.

	Präsens	Präteritum
ich		
er / sie		

DaF leicht
Grammatikclips
ISBN: 978-3-12-676265-6

war	hatte	er/sie	bin	ist	habe	hat	er/sie

er/sie	ich	ich	ich	ich	Heute habe ich Stress.

Gestern hatte ich viel Spaß.	Heute bin ich müde.

er/sie	Gestern war ich gut drauf.

Bildquellen: 1 iStockphoto (Photolyric), Calgary, Alberta; **2** Klett-Archiv (Renate Weber), Stuttgart

DaF leicht
Grammatikclips
ISBN: 978-3-12-676265-6

Clip 11: in, an, auf + Dativ

1. Den Clip nachlegen

LN legen den Clip Schritt für Schritt nach. Sie bekommen zunächst die Bildkarten und die entsprechenden Wörter, danach die Satzkarten. Zeigen Sie im Anschluss den ersten Teil des Clips zur Kontrolle.

die Ampel	der Ampelmann
die Straße	die Tür
das T-Shirt	das Ohr
der Ball	der Schlüssel
der Souvenirshop	

Der Berliner Ampelmann ist in der Ampel.

Er ist auf der Straße.	Er ist an der Tür.
Er ist auf dem T-Shirt.	Er ist im Ohr.
Er ist auf dem Ball.	Er ist am Schlüssel.
Er ist im Souvenirshop.	

LN legen nun das Schlussbild des Clips Schritt für Schritt nach. Zeigen Sie die Übersicht aus dem Clip zur Kontrolle.

der	das
die	im
im	in der
am	am
an der	auf dem
auf dem	auf der

2. Interaktiv üben

LN arbeiten in 3–4er Gruppen. Geben Sie jeder Gruppe ein Kartenset mit den Fotos. LN1 fragt: „Wo ist der Ampelmann?" LN2 nimmt eine Bildkarte und antwortet: „Der Ampelmann ist (an der Tür)." Das Bild wird zurückgelegt, kann also wiederholt genutzt werden.

3. Strukturtabelle ausfüllen

LN ordnen die Nomen den Präpositionen zu.

der	im am auf dem	
das	im am auf dem	
die	in der an der auf der	

DaF leicht
Grammatikclips
ISBN: 978-3-12-676265-6

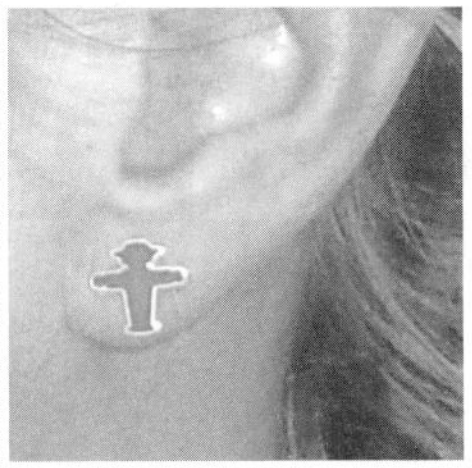
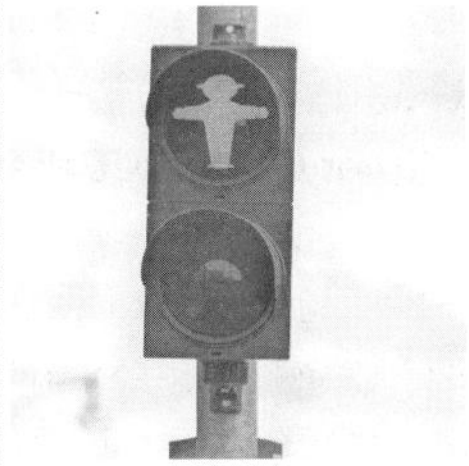

die Ampel	der Ampelmann	die Tür	die Straße	das T-Shirt

der Ball	das Ohr	der Schlüssel	im	der Souvenirshop

der	das	die	auf dem	im	–	in der	–	–

Der Berliner Ampelmann ist in der Ampel.	Er ist auf der Straße.

Er ist an der Tür.	Er ist auf dem T-Shirt.	Er ist im Ohr.	auf dem

Er ist auf dem Ball.	Er ist am Schlüssel.	auf der	am

Er ist im Souvenirshop.	am	an der

Klett Deutsch als Fremdsprache

Bildquellen: **1** © AMPELMANN GmbH; **2** iStockphoto (davidf), Calgary, Alberta; **3** © AMPELMANN GmbH; **4** © AMPELMANN GmbH; **5** © AMPELMANN GmbH; **6** © AMPELMANN GmbH; **7** www.wall-art.de, Mit freundlicher Genehmigung der AMPELMANN GmbH; **8** © AMPELMANN GmbH

DaF leicht
Grammatikclips
ISBN: 978-3-12-676265-6

Clip 12: Perfekt I

1. Den Clip nachlegen
LN legen den ersten Teil des Clips gemeinsam nach. Sie legen die Karten mit den Verben im Partizip II zu den Infinitiven. Zeigen Sie danach den Clip zur Kontrolle noch einmal Schritt für Schritt.

reisen	suchen
lernen	arbeiten
machen	lieben
gereist	gesucht
gelernt	gearbeitet
gemacht	geliebt

LN sortieren die Verben-Karten zu „er hat" und „er ist".

Er ist	Er hat	...

LN ergänzen nun die Satzteile.

2014 nach Berlin	etwas Neues	Deutsch
viel	Erfahrungen	die Stadt

2. Interaktiv üben
LN erhalten je vier leere Karten und schreiben auf zwei Karten ein Verb im Infinitiv und auf zwei Karten die passenden Partizipformen. Anschließend spielen LN damit Memory. Sammeln Sie dann die Karten ein und nennen Sie immer eine Infinitivform, LN sagen das Perfekt. Wenn Sie die Bildkarte mit dem Koffer ziehen, muss LN einen Satz aus dem Clip sagen.

3. Strukturtabelle ausfüllen
LN schreiben die Sätze aus dem Clip in die jeweils passende Spalte der Strukturtabelle.

1	2	3, 4 ...	Verb Teil 2

DaF leicht
Grammatikclips
ISBN: 978-3-12-676265-6

reisen	suchen	lernen	arbeiten	Er ist			
machen	lieben	geliebt	gereist	Er hat			
gelernt	gearbeitet	gemacht	gesucht	.	.	.	.
.	.	Er hat	Er hat	die Stadt	Er hat	viel	
Er hat	etwas Neues	Deutsch	Erfahrungen				
2014 nach Berlin	....						
....	....	....					

Bildquellen: 1 Thinkstock (Thomas Northcut), München; 2 Fotolia.com (JiSign), New York

DaF leicht
Grammatikclips
ISBN: 978-3-12-676265-6

Clip 13: in, an, auf + Dativ oder Akkusativ

1. Den Clip nachlegen

LN ordnen den Bildern die Sätze zu und ergänzen die Präpositionen. Zeigen Sie anschließend den Clip zur Kontrolle.

in die | in den | im

auf den | auf dem | ans

ins | in die | in der

Er geht … Natur. | Er geht … Wald.

Aber … Wald gibt es keine Autos.

Er klettert … Berg.

Aber … Berg gibt es keine Autos.

Er fährt … Meer und geht … Wasser.

Aber … Wasser gibt es keine Autos.

Er geht … Stadt zurück.

… Stadt gibt es viele Autos.

2. Interaktiv üben

Sammeln Sie an der Tafel Aktivitäten für die Orte aus dem Clip.

Die Bildkarten (aus dem Clip oder eigene) werden verdeckt auf den Tisch gelegt. LN ziehen nacheinander eine Bildkarte und formulieren Sätze, z. B. „Ich fahre ans Meer. Im Meer kann man schwimmen." Die Bildkarten werden wieder auf den Tisch gelegt, können also mehrmals verwendet werden.

3. Strukturtabelle ausfüllen

LN ergänzen passende Nomen und Artikel zu den Präpositionen in der Strukturabelle.

		Dativ	Akkusativ	Nomen
der	in an auf			
das	in an auf			
die	in an auf			

DaF leicht
Grammatikclips
ISBN: 978-3-12-676265-6

der	Wald	der	Berg	das	Meer	das	Wasser			
Er geht	in die	Natur	in den	Wald	Aber	im	Stadt			
gibt es keine Autos.	Er klettert	auf den	Berg	auf dem						
Er fährt	ans	und geht	ins	Wasser	Ampel	im				
in die	Stadt	zurück	In der	gibt es viele Autos.	in der					
in die	Er ist wieder	Er geht wieder	Ampel	.	.	.	.	.	.	.

Bildquellen: **1** Thinkstock (GYRO PHOTOGRAPHY/amanaimagesRF), München; **2** Thinkstock (GDragan), München; **3** Thinkstock (Karl Weatherly), München; **4** Thinkstock (Volker Göllner), München; **5** Media and More (Reutlingen); **6** iStockphoto (Marcus Lindström), Calgary, Alberta; **7** © AMPELMANN GmbH

DaF leicht
Grammatikclips
ISBN: 978-3-12-676265-6

Clip 14: Perfekt II

1. Den Clip nachlegen

LN legen den ersten Teil des Clips gemeinsam nach. Danach legen sie die Karten mit den Verben im Partizip II zu den Infinitiven. Zeigen Sie den Clip zur Kontrolle noch einmal Schritt für Schritt.

essen	laufen
lesen	fahren
telefonieren	trainieren
gegessen	gelaufen
gelesen	gefahren
telefoniert	trainiert

LN entfernen die Infinitivformen und ergänzen die Satzteile.

Ich habe ein Brot	Ich habe Zeitung
Ich bin im Wald	Ich bin Rad
Ich habe	und trainiert.
und habe trainiert.	…

2. Interaktiv üben

Jede/r LN schreibt eine Tätigkeit aus dem Clip auf einen Zettel. LN sollte das am Tag vorher wirklich gemacht haben. Schreiben Sie die Frage „Was hast du gestern gemacht?" an die Tafel. LN gehen im Kursraum herum, stellen die Frage und suchen eine Person, die dieselbe Tätigkeit auf den Zettel geschrieben hat. Wenn LN einen Partner / eine Partnerin gefunden hat, sollen beide noch einige Sätze zu dieser Aktivität formulieren und dann im Plenum vortragen. (z. B. „Wir sind im Wald Rad gefahren. Das Wetter war schön. Wir machen das oft. Wir sind ca. eine Stunde gefahren.")

3. Strukturtabelle ausfüllen

Jeder LN zieht eine Wortkarte und schreibt es in die richtige Spalte in der Struktur-tabelle. Danach ergänzen LN Beispiele für die erste Spalte.

Das Partizip II		
ge.............................t / et	..............................t	ge..............................en

DaF leicht
Grammatikclips
ISBN: 978-3-12-676265-6

essen	trainieren	laufen	fahren	telefonieren
lesen	gegessen	gelesen	gefahren	gelaufen
telefoniert	trainiert	Ich habe	trainiert	habe
Ich habe ein Brot	Ich habe Zeitung	trainiert	.	
Ich bin im Wald	Ich bin Rad	trainiert	trainiert	

habe	und	und	und	und	und	.	.	.	.

DaF leicht
Grammatikclips
ISBN: 978-3-12-676265-6

Clip 15: Indefinit- und Possessivartikel im Dativ

1. Den Clip nachlegen

LN legen den ersten Teil des Clips Schritt für Schritt nach. Zeigen Sie den Clip dann abschnittweise.

Ich wohne

auf dem Bauernhof.

auf einem Bauernhof.

auf dem Hausboot.

auf einem Hausboot.

auf der Insel. auf einer Insel.

LN legen den zweiten Teil des Clips nach.

auf	in	bei	mit
meinem	deinem	seiner	ihrem
unserem	euren	ihren	…
Leuchtturm	Baumhaus	Freunden	
Kollegen im Wohnwagen	…		

2. Interaktiv üben

Verteilen Sie die Kärtchen mit den Wohnorten an die LN. In großen Gruppen können die Kärtchen mehrfach verteilt werden. Sammeln Sie dann an der Tafel, wie es an diesen Orten sein kann oder was man dort macht, z. B. *schön, lustig, interessant, …, ich arbeite, ich mache Sport, …*

a. LN sagen, wo sie „wohnen" und wie es dort ist. („Ich wohne auf einer Insel. Auf meiner Insel ist es schön.")

b. LN suchen jemanden, der mit ihnen den Wohnort tauscht. Danach berichten Sie. („Ich möchte in deinem Baumhaus wohnen. Möchtest du auf meiner Insel wohnen?" „Ich wohne jetzt in seinem Baumhaus.")

3. Strukturtabelle ausfüllen

LN schreiben die Nomen mit den jeweiligen Artikelwörtern im Dativ in die passende Spalte der Strukturtabelle.

	Singular	Plural
Definitartikel		
Indefinitartikel		
Possessivartikel		
ich		
du		
er/es		
sie		
wir		
ihr		
sie		

DaF leicht
Grammatikclips
ISBN: 978-3-12-676265-6

der Bauernhof | das Hausboot | die Insel | Ich wohne

auf dem Bauernhof. | auf einem Bauernhof. | Ich wohne

auf dem Hausboot. | auf einem Hausboot | Ich wohne

auf der Insel. | auf einer Insel. | auf | in | in | bei | mit

du | er | sie | wir | ihr | sie | einem | d | einem | s | –

ihrem | unserem | euren | ihren | Bauernhof | auf | –

Insel | Leuchtturm | Baumhaus | Freunden | einem | einem | auf | –

Kollegen im Wohnwagen | – | – | – | – | Hausboot | einer | ich | m

Bildquellen: 1 Dreamstime.com (Juanrvelasco), Brentwood, TN; **2** iStockphoto (beklaus), Calgary, Alberta; **3** © photomakers.org: kostenlose Bilder und Fotografen Paris

DaF leicht
Grammatikclips
ISBN: 978-3-12-676265-6

Clip 16: Personalpronomen im Akkusativ

1. Den Clip nachlegen

LN legen den Clip in zwei Schritten nach. Zeigen Sie den Clip danach abschnittweise zur Kontrolle.

ich	du
er	sie
es	wir
ihr	sie
mich	dich
ihn	sie
es	uns
euch	

LN legen nun den zweiten Teil des Clips nach und markieren die Personalpronomen im Nominativ und im Akkusativ.

2. Interaktiv üben

LN arbeiten in Gruppen. Alle bekommen ein oder zwei Bildkarten und überlegen, zu welchem Satz die Karte passen könnte. Die Süßigkeiten sollten nicht wie im Clip zugeordnet werden, sondern persönlich zu den LN passen. LN spricht den Satz, legt das Bild dazu und gibt eine kurze Erklärung, z. B.: „Ich liebe dich, du bist so gut. Ich möchte jeden Tag Torte essen."

Iss mich nicht,

ich bin ungesund.

Ich liebe dich,

du bist so gut.

Schau ihn genau an,

er ist lecker.

...

3. Strukturtabelle ausfüllen

LN schreiben die Personalpronomen in die Strukturtabelle.

	Nominativ	Akkusativ
Singular		
Plural		

DaFleicht
Grammatikclips
ISBN: 978-3-12-676265-6

dich | du | er | es | es | euch | ich | ihn | ihr | mich

sie | sie | sie | sie | uns | wir | ich bin ungesund.

Ich brauche sie nicht, | er ist lecker. | wir sind süß!

du bist so gut. | Pack uns aus, | sie schmecken nicht!

Ich liebe dich, | ihr seid schrecklich. | Schau ihn genau an,

Iss mich nicht, | Ich möchte euch nie mehr sehen,

Bildquellen: 1 Dreamstime.com (Jianghongyan), Brentwood, TN; **2** Fotolia.com (Schlierner), New York; **3** Fotolia.com (Gresei), New York; **4** iStockphoto (Kasiam), Calgary, Alberta; **5** Fotolia.com (B. and E. Dudzinscy), New York; **6** Shutterstock (Jiri Hera), New York

DaF leicht
Grammatikclips
ISBN: 978-3-12-676265-6

Clip 17: Possessivartikel im Akkusativ

1. Den Clip nachlegen

LN erhalten die Sätze aus dem Clip und ordnen die Possessivartikel zu. Zeigen Sie den Clip anschließend zur Kontrolle.

Du musst	… Bad,
… Küche	und
… Kühlschrank	einmal
pro Woche	sauber
machen.	
Du darfst	… Kaffee
nicht	trinken.

…

unser	unsere	unseren
seinen	ihr	ihre
meinen	mein	meine
dein	euer	eure

2. Interaktiv üben

LN spielen die Situation zu dritt nach. Einer ist Interessent für ein Zimmer, die anderen vermieten es. LN bleiben in einem ersten Durchgang ganz eng am Wortmaterial des Clips, in weiteren Durchgängen mit wechselnden Rollen versuchen sie zu variieren.

3. Strukturtabelle ausfüllen

LN sortieren die Possessivartikel in die Strukturtabelle und ergänzen jeweils ein passendes Verb und Nomen.
Bsp.: „Ich nehme mein Auto. Du teilst deine Wohnung."

	der	das	die	Plural
Ich nehme				
Du				
Er				
Sie				
Wir				
Ihr				
Sie				

DaF leicht
Grammatikclips
ISBN: 978-3-12-676265-6

Da sind das Bad, die Küche und der Kühlschrank.	Ich finde	dein			
Du musst unser Bad, unsere Küche und unseren Kühlschrank einmal pro Woche sauber machen.					
Kaffee nicht trinken.	Das ist der Kaffee von Jan.	meinen	eure		
Du darfst seinen	Werkzeug nicht nehmen.	Wurst nicht essen.			
Das ist das Werkzeug von Mia.	Du darfst ihr	Wohnung schrecklich.			
Das ist die Wurst von Mia und Jan.	Und bitte nimm auch nicht				
Du darfst ihre	Fußball,	Fahrrad und	Sonnenbrille.	Zimmer.	
mein	meine	Jetzt zeige ich dir	Ich will	Zimmer nicht.	euer

DaF leicht
Grammatikclips
ISBN: 978-3-12-676265-6

Clip 18: Verb + Dativ und Akkusativ

1. Den Clip nachlegen

LN erhalten den Satzanfang aus dem Clip (Hanna schenkt …) und Nomenkarten, jeweils mit dem Artikel im Akkusativ bzw. Dativ. LN legen den Clip nach. Zeigen Sie den Clip danach nochmals zur Kontrolle.

Hanna schenkt	dem Freund
das Auto	Hanna schenkt
dem Kind	das Fahrrad
Hanna schenkt	der Nachbarin
die Schuhe	Hanna schenkt
den Eltern	das Haus

2. Interaktiv üben

LN ziehen jeweils eine Ergänzung im Dativ oder Akkusativ und sollen damit spontan einen Satz bilden.

Beispiel: dem Freund

Ich schenke dem Freund das Buch.

oder: die Schuhe

Ich schenke der Schwester die Schuhe.

3. Strukturtabelle ausfüllen

LN schreiben die Satzglieder in die Strukturtabelle.

Wer?	Verb	Wem?	Was?
Hanna	schenkt		

DaF leicht
Grammatikclips
ISBN: 978-3-12-676265-6

Hanna schenkt	Hanna schenkt		
das Auto	Hanna schenkt	dem Kind	
Hanna schenkt	das Fahrrad	.	.
der Nachbarin	dem Freund	.	.
den Eltern	die Schuhe	das Haus	

Bildquellen: :**1** iStockphoto (seriga), Calgary, Alberta; **2** Fotolia.com (Alexander Raths), New York; **3** Fotolia.com (storm), New York; **4** Thinkstock (Fuse), München"

DaF leicht
Grammatikclips
ISBN: 978-3-12-676265-6

Clip 19: Temporale Präpositionen

1. Den Clip nachlegen

LN ordnen den Zeitangaben die passenden Präpositionen zu. Zeigen Sie den Clip anschließend zur Kontrolle.

Dienstag	Sommer
Juli	zwölften
1983	14.55 Uhr
Am	Im
Im	Am
Um	.

2. Interaktiv üben

Schreiben Sie den Satz „Wann ist er geboren?" an die Tafel. LN arbeiten in Gruppen. Sie ziehen jeweils eine Zeitangabe (z. B. Dienstag) und sagen einen Satz (z. B. „Er ist am Dienstag geboren.")

Zu zweit spielen LN den Dialog mit eigenen Daten nach.

3. Strukturtabelle ausfüllen

LN schreiben die Angaben in die Strukturtabelle.

Präposition	Zeitangabe	Oberbegriff
am		
im		
um		Uhrzeit

DaF leicht
Grammatikclips
ISBN: 978-3-12-676265-6

Dienstag	Sommer	Juli	Juli	1983					
zwölften	14.55 Uhr	Am	Am	Im					
Im	Um	.	.	.	.	.			

DaFleicht
Grammatikclips
ISBN: 978-3-12-676265-6

Clip 20: Trennbare und untrennbare Verben

1. Den Clip nachlegen

LN legen den ersten Teil des Clips nach. Sie zerschneiden die Verben wie im Clip. Zeigen Sie den ersten Teil danach zur Kontrolle.

erzählen	vergessen
bekommen	anbieten
austauschen	eingeben
Ich	…

Nun legen LN die Sätze des zweiten Teils des Clips nach. Zeigen Sie die Sätze im Anschluss zur Kontrolle.

meine Daten	und
Freunde	Hilfe
viel	Wir
Ideen	die Zeit

…

2. Interaktiv üben

Sammeln Sie an der Tafel weitere Kollokationen zu den Verben:

eingeben: Namen, Code, Username, …

anbieten: Informationen, Adressen, Dinge, …

austauschen: Namen, Adressen, …

bekommen: Informationen, Fotos, …

erzählen: meine Geschichte, …

vergessen: meine Freunde, nichts, …

LN arbeiten in Gruppen; alle ziehen ein Verb und formulieren einen Satz.

3. Strukturtabelle ausfüllen

LN schreiben die Sätze in die Strukturtabelle.

1	2	3, 4, 5, …	Verb Teil 2

Deutsch als Fremdsprache
DaF leicht
Grammatikclips
ISBN: 978-3-12-676265-6

erzählen	vergessen	vergessen	.	.	.		
bekommen	anbieten	austauschen	eingeben				
tauschen	Ich	Ich	Ich	Ich	Ich	Ich	Wir
meine Daten	Freunde	Hilfe	viel	Ideen			
die Zeit	und	und	und				

DaF leicht
Grammatikclips
ISBN: 978-3-12-676265-6

Deutsch als Fremdsprache
DaFleicht
Grammatikclips
ISBN: 978-3-12-676265-6

DaF leicht
Grammatikclips
ISBN: 978-3-12-676265-6